O el arte de excitar
las papilas
...

Sexy índice

Sexy índice *Sexy* índice

Si te cruzas con este pato,
no te fíes de las apariencias;
corre a la sexy tienda, en la pág. 134

SEX
in progress

¿Cenamos juntos esta noche?

sobre la alfombra…

Te gusta que él/ella te llame:

- Mi pastelito.
- Mi gatita, mi tigre.
- Mi guarrilla/o.
- ¡Mi dulce bomboncito para comer entero!

Lo que siempre preguntas antes de sentarte en la mesa es:

- Espero que tengas apetito esta noche…
- ¿Comemos o pasamos directamente al postre?
- ¿Qué te parece una velada en pijama?
- ¿Te has lavado las manos?

¡Sorpresa!, tu cocinero preferido te ha preparado una cena sólo para ti. ¿Quién es?

- Sergi Arola, siempre tan mono, en versión *bad boy* en la cocina.
- Mamá, naturalmente.
- Ferran Adrià, para probar nuevas experiencias culinarias.
- Mi pareja, vestida tan sólo con el delantal… —y que, por cierto, acaba de chamuscarlo todo…

Si la mayor parte de tus respuestas son…

Eres bastante clásico/a en el amor y en la cocina. Te gustan los valores seguros y no soportas que te pillen por sorpresa. Piensas el menú de Navidad ya en Semana Santa. Eres tan tradicional que para ti comer en un chino es algo de ciencia ficción. Te gusta que todo vaya como tiene que ir. En la cama, igual que en la mesa, ¡buscas la perfección!

Tu estilo es romántico, mecido por los recuerdos de infancia, flor de pitiminí. Te gustan la buena vida, las veladas temáticas, cenar en casa o ver la tele con amigos. Te lo pasas fenomenal en la cocina y en la cama.

Estás dispuesto/a a todo y te encantan las experiencias nuevas: te gusta que se te derrita en la boca, cambiar el plato de macarrones de siempre. Te encanta conocer gente nueva. Eres muy independiente y no tienes miedo de nada, ni en la cama ni en la cocina. Te fascina el misterio.

Te atreves a probarlo todo y tienes siempre algo en la boca. Vives para el placer, padeces bulimia de sabores, eres insaciable, te gustan las comilonas. Con tu carácter un poco rebelde y soñador, esperas que aparezca el/la cocinero/a que te cautive…

La mirada experta

- Boniato
- Sexo
- ¡Wau!
- Juguete natural

- Evolución
- Ajo
- Increíble
- Deseo

- Operación fiasco
- Nabos tiernos
- Tetas

- Corazón
- Tomate
- Culo

- Lengua
- Chayote
- Marciano

- Elefante
- Ñame
- Viejo estilo
- Grande

- Demasiado tarde
- Patatas
- En fila india

- Chirivía
- Para todos los gustos
- En punta

- Harry Potter
- Salsifíes
- Colección X

- Doble juego
- Plátano
- Rajita
- Al punto

- Dúo de amantes
- Amor ecológico
- Pepino, pepinillo

Piensa en un buen pie de foto...

El uso de los utensilios

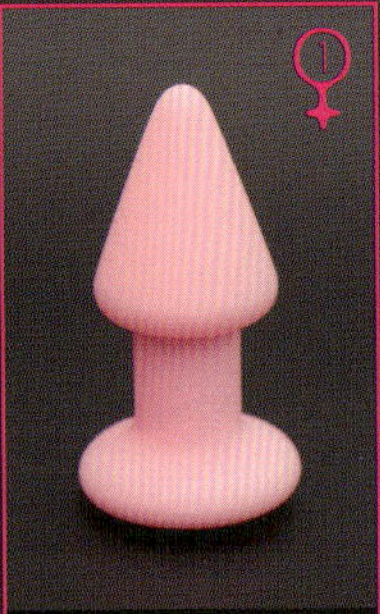

Esto no es un exprimidor de limones. Espera una tirada.

Cuchi, cuchi... Me gusta que me hagan cosquillas. Adelanta una casilla.

Esto es un exprimidor de limones. Vuelve a la casilla de salida.

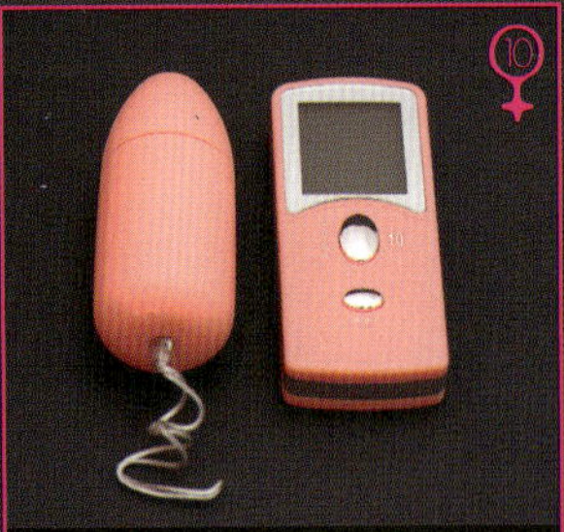

¡Has ganado! Esta noche lo único que harás será pedir sushi.

Has pensado en todas las mujeres de la casa. Vuelve a tirar.

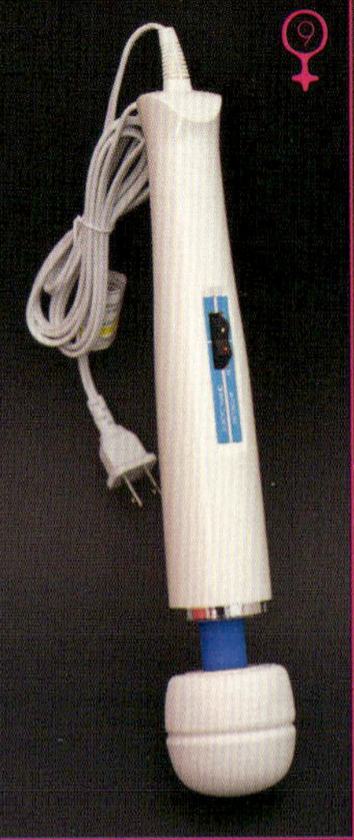

Tira los dados, y juega comigo...

4

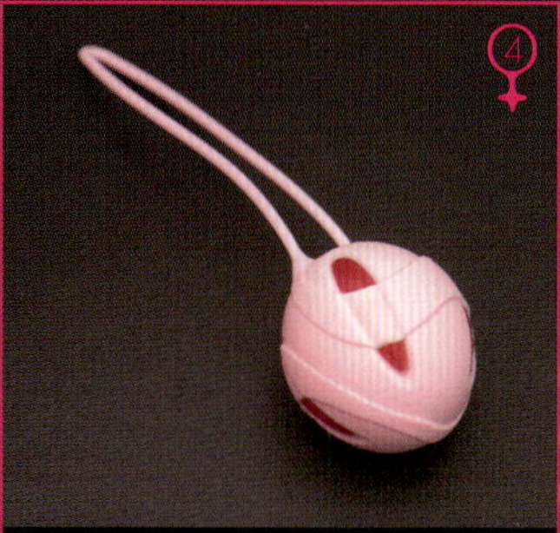

Como buen amante que eres, vas a la cocina a preparar un té para tu amado/a. Adelanta tres casillas.

5

Un ligero batido y vuelta a empezar. Tira otra vez.

6

¡Ay, uy, ay! ¡Esto duele! Retrocede dos casillas.

7

4 minutos: el tiempo de preparar un huevo pasado por agua. Espera dos turnos.

8

Bravo, tomas la delantera para montar la salsa. Tira dos veces.

Licuar

Convertir en líquido.

Ejemplo: «Licuo y luego riego».

Calentar

Elevar la temperatura rápidamente, pero sin que llegue a hervir

Ejemplo: «No lo calientes demasiado, se va a desbordar».

Desanudar

En el momento de servir, retirar el cordel que envuelve una pieza de carne.

Ejemplo: «Desanúdame el tirante, que me aprieta mucho

Dorar

Dar color a un alimento a fuego vivo.

Ejemplo: «Voy a coger esta salchichita y la voy a dorar. ¡Verás qué tierna estará!».

Trabajar

Pasar el rodillo por una masa para reblandecerla y darle forma sin calentarla.

Ejemplo: «Cada cosa en su momento, cariño, ahora tienes que trabajar un poco».

¡Qué flores más bonitas!

Las historias de amor más bellas empiezan con un ramo de flores. Pero es mejor comérselas que regalarlas. Ten la picardía de reservar una para luego poder mordisquearla sin prisas.

Samosa de cordero condimentado con germinados y flores

2 hojas de pasta brie / 100 g de cordero / 1/4 de limón confitado / 1 pizca de polvo de cinco especias / 1 pizca de comino en polvo / 2 cucharaditas de cilantro fresco / 1/2 cucharadita de aceite de oliva virgen extra / 1 cestita de germinados / 2 flores comestibles / sal y pimienta

Corta en trozos la carne de cordero, extrae la pulpa del limón y ponlo todo en la batidora. Añade una pizca de polvo de cinco especias, otra de comino, el cilantro y el aceite de oliva. Salpimienta y bate bien.

Corta las hojas de pasta *brie* en láminas de 10 cm. Pon una cucharada de la mezcla anterior en la punta de cada una y dóblalas formando triángulos. Fríe las samosas en una sartén con un poco de aceite. Preséntalas sobre un lecho de germinados y, finalmente, añade las flores.

Consejo

Recién frito, este triangulito dorado está muy caliente. Cuidado con quemarse los labios de buenas a primeras...

¡Es un placer, caballero!

Dulzura, pero con un poco de mano dura: esto chifla a cualquiera...
Esta *mousse* de sabor un poco picante se degusta lentamente.
¡Que no te pierda la gula!

Mousse de tofu con pepino y menta

2 pepinos pequeños / 200 g de tofu sedoso / 2 cucharaditas de vinagre de estragón / 3 hojas de menta fresca / 1 cucharadita de mostaza / sal y pimienta

Pela los pepinos, trocéalos y ponlos en el vaso de la batidora. Añade el tofu, el vinagre, las hojas de menta, la sal y la pimienta. Mezcla todo hasta obtener una pasta homogénea y lisa. Pruébala y, si es necesario, añádele mostaza. Viértela en tarrinas y refrigérala en la nevera durante 2 o 3 horas.

La opinión de una experta

Es preferible usar dos pepinos con mucho sabor que uno grande lleno de agua.

¡Lo que te rondaré, morena!

Descubre uno a uno los sabores de estas finas *mousses*. Primero te van a sorprender por su delicadeza oculta. Luego deja que hagan su efecto lentamente...

Ronda de *mousses* con aceites esenciales

1 queso de cabra fresco / 3 cucharaditas de nata / aceite esencial de jazmín / 1 remolacha cocida / 3 cucharaditas de queso mascarpone / 1 gota de aceite esencial de ylang-ylang / sal y pimienta

En el recipiente de la batidora pon el queso de cabra, la nata y una gota de aceite esencial de jazmín. Mezcla hasta obtener una pasta homogénea; pruébala y, si es necesario, añade más aceite esencial de jazmín. Salpimienta y refrigera el preparado en la nevera.

Monda la remolacha, córtala en cuatro trozos y bátela, junto con el mascarpone y una gota de aceite esencial de ylang-ylang. Salpimienta y refrigera la mezcla en la nevera. Sirve las dos *mousses* en un mismo plato.

Consejo

Para que la mousse quede más untuosa, tienes que batirla vigorosamente.

Anécdota crujiente

Te derretirás de éxtasis ante este corazoncito de virginal blancura.
Pero no te dejes engañar con tan buenas maneras:
pide un poco de crujiente.

Teja de parmesano en un corazón de *panna cotta* al cilantro

2 tacos de parmesano tierno / 15 cl de nata / 8 cl de leche fresca / 1 g de agar-agar / 1 ramillete de cilantro / 2 cucharaditas de aceite de oliva virgen extra / 2 cucharaditas de piñones / sal y pimienta

Calienta el horno a 180 °C. Ralla el parmesano sobre una hoja de papel parafinado para horno y forma dos discos de 4 cm de diámetro. Hornéalos durante 3 minutos y espera unos 2 minutos antes de despegarlos. Da forma a las tejas y deja que se enfríen a caballo entre dos vasos.

Con ayuda de las varillas mezcla la nata con la leche y una pizca de pimienta. Lleva esta mezcla lentamente a ebullición e incorpora el agar-agar. Cuécelo 2 minutos y, seguidamente, viértelo en moldes de silicona con forma de corazón.

Lava el cilantro y corta los tallos. Pon las hojas en la batidora junto con el aceite de oliva, los piñones, sal y pimienta. Bate y, si es necesario, rectifica el condimento. Dispón el corazón sobre el *coulis* de cilantro con la teja de parmesano clavada.

La opinión de una experta

Para que la teja resulte crujiente, se debe degustar inmediatamente.

¡Todo potencia!

La naturaleza hace bien las cosas: el perejil es un afrodisiaco. ¡Con este pastel potenciado con algún afrodisiaco natural no correrás ningún riesgo!

Magdalena afrodisiaca con perejil

100 g de harina con levadura incorporada / 1 pizca de sal / 1 huevo / 40 g de mantequilla fundida / 10 cl de leche / 40 g de gruyer rallado / 40 g de salmón cortado en dados / 1 cucharadita de perejil picado

Para el glaseado

140 g de queso fresco / 70 g de queso mascarpone / jalea real, polen, ginseng o cualquier otro afrodisiaco natural / sal y pimienta

Pon todos los ingredientes, excepto los del glaseado, en un bol. Mézclalos con toda la fuerza posible. Calienta el horno a 180 °C. Llena los moldes de magdalenas con la pasta obtenida y hornea unos 20 minutos.

Con ayuda de la batidora mezcla el mascarpone, el afrodisiaco elegido y el queso fresco. Salpimienta. Vierte una cucharada generosa de crema sobre las magdalenas, ya frías, y sírvelas.

Consejo

Asegúrate de que no deja ni una gota del glaseado en el plato...

¡La más guapa!

Un piropo en su debido momento siempre es de agradecer.
Cuidado: después de haber degustado el combinado,
conviene retocar un poco el carmín.

Cóctel Rojo n.° 69

4 cl de ron blanco / 2 cl de ron negro / 12 cl de zumo de fresa / 4 cl de leche de coco / zumo de limón / azúcar moreno

Mide el ron con precisión, ya que en exceso no tiene un sabor agradable. Vierte el ron blanco y el negro en una coctelera, y añade cuidadosamente el zumo de fresa y, finalmente, la leche de coco. Cierra la coctelera y agítala durante 4 minutos. Moja el borde de un vaso con zumo de limón y seguidamente húndelo boca abajo en un plato con azúcar. Vierte el líquido con cuidado.

La opinión de una experta

Para poder agitar bien la coctelera, antes hay que calentar bien las muñecas.

Dúo sobre canapé

«Tú y yo en el mismo canapé...
Hace tiempo que espero el momento de que pruebes
mi especialidad».

Minicanapés de blinis rosas y verdes

150 g de harina / 1 huevo / 25 cl de leche tibia / 5 g de levadura de panadería fresca / 1 remolacha cocida / 1/2 queso de cabra fresco / 1 cucharadita de aceite de oliva virgen extra / 1 cucharadita de bayas rojas / 1 cucharadita de perejil picado / sal y pimienta

Diluye la levadura en un poco de leche tibia. Echa la harina en un bol, forma unos hoyos y vierte dentro el resto de la leche, la levadura diluida, la yema del huevo y una pizca de sal. Mezcla bien y deja que la masa suba 1 hora. A continuación, bate la clara a punto de nieve e incorpórala a la preparación anterior.

Divide la masa en dos partes: en una de ellas vierte el jugo de la remolacha y en la otra añade el perejil picado. Prepara los blinis friendo la pasta unos 2 minutos en una sartén caliente y dándole la vuelta cuando la cara superior se llene de agujeritos.

Por último, mezcla la remolacha y el queso de cabra. Agrega el aceite de oliva y las bayas rojas, y a continuación salpimienta todo y mézclalo bien. Coloca una cucharada de esta *mousse* en los blinis.

Consejo

Pelar la remolacha no es fácil; tendrás que aprender a utilizar el pelador con gestos armoniosos.

¡Qué cuerpazo!

Saca a relucir tus mejores bazas.
Por una vez, no seas tímido/a,
descúbrete y que te vean…

Carpaccio de atún, zumo de pomelo y limón verde

80 g de atún cortado en láminas muy finas / 1 pomelo / 2 limones verdes / 2 cucharaditas de aceite de oliva virgen extra / 1 cucharadita de cilantro picado / sal y pimienta negra

Exprime los limones y el pomelo, y vierte el zumo en un bol. Añade el aceite de oliva y bate vigorosamente con un tenedor. Salpimienta. Pon el atún en el congelador el tiempo justo para que se endurezca. Córtalo en láminas, distribúyelas cuidadosamente en un plato y cúbrelas con la vinagreta. Deja que marinen 1 hora en el frigorífico. En el momento de servir, esparce el cilantro picado y condimenta generosamente con pimienta.

Consejo

El atún se puede sustituir por bacalao.

SEX
PHEROMONE
SOY MASSAGE CANDLE

¡Enciéndeme!

Si solamente te queda una cerilla,
úsala para una buena causa.
¿No soñabas con una velada a la luz de las velas?

Ron flameado con guindilla

Para un vaso

1 pizca de jengibre / 1/4 de tequila /
3/4 de ron / 1 guindilla

En un bol, pon a macerar la guindilla en el ron durante 1 hora; cuanto más tiempo macere, más picante será el cóctel. A continuación, incorpora los otros ingredientes y mezcla vigorosamente. Vierte la mezcla con cuidado en un cazo y caliéntala durante 1 minuto. Pasa la mezcla caliente a un vaso de chupito llenándolo hasta el borde, enciende una cerilla y flamea. Con una pajita, aspira el líquido de un trago.

Consejo

Para no acabar en urgencias, es recomendable recogerse el pelo.

En medio del corazón

«Soy demasiado sensible: ¡otra vez he caído en la trampa! Soy una auténtica patata... Pues cómeme, ¡qué diablos!».

Patatitas al *curry* glaseadas con miel

10 patatitas / 2 puñados de sal gruesa / aceite de oliva virgen extra / curry / 1/2 vaso de vinagre de Módena / 1 cucharadita de miel / sal y pimienta

Calienta el horno a 160 °C. Cubre la bandeja del horno con sal gruesa. Cepilla las patatas bajo el grifo para lavarlas; sécalas y disponlas sobre la sal. Échales un chorrito de aceite por encima y esparce el *curry*. Introdúcelas en el horno y deja que se asen despacio.

Emulsiona la miel y el vinagre en un vaso, batiendo con fuerza. Cuando las patatas estén medio asadas, glaséalas con esta mezcla. Pínchalas para ver si están hechas y, finalmente, salpiméntalas y preséntalas clavadas en brochetas.

La opinión de una experta

Es preferible que las patatas sean pequeñas, de manera que se puedan comer de un solo mordisco. Resulta más elegante.

Sabrosas cosquillas

«Hazme cosquillas, hazme estremecer una vez más con tu pluma.
Y si me río, hazme pagar una prenda.
Me encanta resistirme...».

Alitas de pollo chocolateadas

6 alitas de pollo / 2 cucharaditas de aceite de oliva virgen extra / 1 lata de tomate concentrado / 2 dientes de ajo / 1 cucharadita de guindilla en polvo / 1 pizca de mezcla de cuatro especias / 1 tableta de chocolate negro / tabasco / 2 cucharaditas de cacao amargo en polvo / sal y pimienta

Calienta un poco de aceite en una sartén y fríe las alitas de pollo por ambos lados. Una vez estén bien doradas, sácalas y resérvalas. Pon en la sartén el tomate, el ajo y las especias. Remueve y añade medio vaso de agua, el chocolate y unas gotas de tabasco. Pruébalo y condimenta con pimienta al gusto. Deja que el chocolate se funda despacio. Incorpora las alitas de pollo y déjalas al fuego unos 20 minutos. Sazona con un poco de pimienta y esparce el cacao por encima.

Consejo

*Las alitas son más sabrosas si se comen con las manos.
Por una vez, las normas de cortesía lo permiten.*

Punzante fuera, suave dentro

«Un sabor dulce dentro de un envoltorio picante.
¿Hay que interpretarlo como un desafío?
Pues lo acepto...».

Erizo relleno de tupinambo y natillas al cava

4 erizos de mar / 100 g de tupinambos / 10 g de mantequilla / 2 yemas de huevo / 1/2 copa de cava / sal y pimienta

Coge los erizos con un trapo, ábrelos con unas tijeras por el lado plano y separa cuidadosamente las lenguas; reserva el agua. Enjuaga las lenguas con cuidado y refrigéralas en la nevera.

Monda los tupinambos y cuécelos unos 20 minutos en una cacerola con agua salada. A continuación, escúrrelos, pásalos por el pasapurés y añádeles mantequilla, sal y pimienta.

En una cacerola vierte el agua de los erizos, el cava y las yemas de huevo. Caliéntalo todo batiendo enérgicamente hasta obtener una crema homogénea.

Coloca el puré de tupinambos y las lenguas en el fondo de las cáscaras de erizo, vierte por encima la crema y gratina durante 2 minutos.

La opinión de una experta

Las lenguas tienen que manipularse con cuidado, pues son muy frágiles.

Deséame

Quedarás hechizado/a con tanta magia.
Esta mezcla, clásica y a la vez traviesa, es perfecta...
¡No te fíes, no bajes la guardia!

Cava con fresas y jengibre

50 cl de cava / 2 cucharaditas de jarabe de jengibre / 6 fresones

Lava los fresones con agua fría. Quítales el rabillo y redúcelos a puré con la batidora. A continuación, vierte el puré en una coctelera y agrega el jarabe de jengibre. Agita con energía y pasión. Sirve el cóctel en unas copas bonitas, con el cava helado.

Consejo

Para aumentar el deseo, puedes rallar un poco de jengibre fresco. No te arrepentirás...

Marinar

Disponer un alimento en un adobo de vinagre, vino, zumo de limón... para aromatizarlo.
Ejemplo: «Cuanto más se marine, más sabor».

Ligar

Dar espesor a una salsa con harina, nata...
Ejemplo: «Deja que ligue, me gusta cuando está bien densa».

Montar

Batir un líquido con las varillas hasta obtener una consistencia espumosa.
Ejemplo: «Voy a montar la nata...».

Mojar

Añadir a un preparado el líquido necesario para su cocción.
Ejemplo: «¿Lo mojo antes o durante?».

Rehogar

Sofreír los alimentos a fuego lento en aceite o mantequilla.
Ejemplo: «Rehoga la cebolla despacio, para que quede blanda y transparente, como me gusta».

Entrantes

Sinónimo de entremés, plato ligero que se sirve antes del principal.

Ejemplo: «Esto es el entrante, cariño, para abrir el apetito».

Ven a jugar conmigo

Vibrarás degustando este pato.
Se acabó el clásico pato a la naranja:
si pruebas este placer acidulado no te arrepentirás...

Lomo de pato con grosella y mango frito

4 lomos de pato / 1 chorrito de aceite de oliva virgen extra / 2 cucharaditas de jarabe de jengibre / 2 cucharaditas de vinagre de frambuesa / 2 mangos / 1 cestita de grosellas / 1 puñado de jaramago / sal y pimienta

Monda los mangos y córtalos en tiras; desgrana las grosellas con cuidado y resérvalas, junto con el mango. A continuación, dora los lomos de pato en aceite de oliva. Agrega el jarabe de jengibre y condimenta con sal y pimienta. Desglasa con el vinagre de frambuesa. Añade los frutos reservados y cocina a fuego vivo. Por último, decora el plato con el jaramago.

La opinión de una experta

Para alargar el placer, degusta este plato lentamente. Seguro que repetirás.

Sugestión

Si todavía no lo has entendido,
estas sugerentes verduritas te darán ideas…

Sartenada de verduras crujientes

6 espárragos pequeños / 2 zanahorias frescas pequeñas / 4 puerros pequeños / 1 cucharadita de piñones / 1 chorrito de aceite de sésamo / 1 cucharadita de granos de sésamo / sal y pimienta

Lava las verduras. Cuécelas unos minutos al vapor para que queden crujientes y luego fríelas a fuego vivo en aceite de sésamo. Tuesta los granos de sésamo y los piñones, sin aceite y por separado, en dos sartenes. Dispón las verduras en un plato y esparce los granos tostados por encima; si es necesario, salpimienta. Sirve el plato y degústalo inmediatamente.

La opinión de una experta

Las zanahorias pequeñas se pueden comer sin pelar. Bien mirado, es tiempo que se gana para después…

Para romper el hielo

¡Qué buenos están los helados de dos bolas!
Con un puntito salado, para romper la rutina…

Helado de tomate con albahaca

10 tomates de rama / 1 pizca de azúcar / 1 limón / 250 g de queso mascarpone / 5 hojas de albahaca / sal y pimienta

Escalda los tomates, pélalos, córtalos por la mitad y ponlos en el recipiente de la batidora. Añade el azúcar, el zumo del limón, la albahaca y el mascarpone. Bate y salpimienta. Vierte la preparación en la sorbetera y deja que se haga durante 20 minutos aproximadamente.

La opinión de una experta

Presentado en un cornete clásico para dos bolas, este helado tendrá un éxito asegurado…

«Hablemos claro, cariño: no has venido aquí para chupar cubitos de hielo. Esperemos a que se derritan, así tendremos unos minutos para nosotros…».

Vodka con cubitos picantes

20 cl de vodka / 25 cl de zumo de verduras / 1 pizca de pimentón / tabasco

Vierte el zumo de verduras en un bol y agrega una pizca de pimentón y un poco de tabasco. Prueba y, si es necesario, echa más pimentón. Vierte la mezcla en una cubitera y enfríala en el congelador durante unas horas. Desmolda los cubitos con cuidado, disponlos en dos copas y vierte despacio el vodka.

Consejo

Puedes elegir diferentes formas para los cubitos: corazones, pajaritos, flores… Las posibilidades son muchas.

Ooooh!

¡Qué puede ser más agradable que compartir una buena salsita...!
La alcachofa se come entera, desde el corazón hasta el tallo.
Haz tú lo mismo.

Tallos de alcachofa

6 alcachofas violetas / 1/2 limón / 1 cucharadita de mostaza fuerte / 1 cucharadita de vinagre de Jerez / 2 cucharaditas de aceite de oliva virgen extra / 1 cucharadita de cebollino cortado finamente / sal y pimienta

Lava las alcachofas. Corta los tallos, quita las hojas duras y elimina las puntas de las hojas. Calienta agua con zumo de limón y cuece las alcachofas al vapor durante 20 minutos aproximadamente. Prepara una vinagreta emulsionando la mostaza, el vinagre, el aceite, la sal y la pimienta. Sirve las alcachofas tibias con la vinagreta fría y el cebollino por encima.

La opinión de una experta

Para que las alcachofas tengan una buena consistencia, no hay que cocerlas demasiado.

Chapuzón abisal

¡Ahora o nunca!
Hunde de prisa la cuchara antes de que esto se enfríe...

Colas de gamba al regaliz en vaso

250 g de colas de gamba / 1 cucharadita de aceite de oliva virgen extra / 2 cucharaditas de nata / 2 cucharaditas de concentrado de tomate / 1 pizca de regaliz en polvo[1] / 1 cucharadita de anís / 1 pizca de perejil / pimienta

Calienta el aceite en una sartén y fríe las colas de gamba a fuego vivo; retíralas y resérvalas. En la misma sartén, incorpora la nata, el perejil y el concentrado de tomate. Mezcla y, a continuación, agrega el regaliz en polvo y el anís. Deja cocinar a fuego lento. Rellena los vasos generosamente con esta mezcla, coloca las gambas y sazona con pimienta.

1. El regaliz en polvo, elaborado con bastones de regaliz triturados, aporta su sabor dulce, pero sin las hebras del natural.

La opinión de una experta

Cuidado: el regaliz tiene un sabor muy fuerte; úsalo con moderación.

Guardar las distancias

¡Quién iba a decir que te haría tanto efecto! Sonríe, tómatelo con calma: por nada del mundo debe notarse que estás completamente chiflado/a por sus expertos dedos.

Huevos con fuagrás y bayas rosas

2 huevos / 1 cucharadita de fuagrás / 10 cl de nata líquida montada / 1 pizca de pimienta rosa / 1 pizca de mezcla de cuatro especias

Vierte la nata en un bol y añade la pimienta rosa acabada de moler; refrigera la mezcla en la nevera. Rompe la bóveda superior de los huevos con la ayuda de un abridor de huevos pasados por agua y vacíalos. Coloca un poco de fuagrás en el fondo de cada una de las cáscaras. Luego vuelve a introducir la yema y un poco de clara. Pon los huevos con sumo cuidado en una cacerola con agua hirviendo especiada: los huevos deben flotar. Cuécelos durante 4 minutos. Sírvelos con la mezcla de nata y pimienta rosa por encima.

La opinión de una experta

No hay que llenar excesivamente los huevos, porque podría derramarse el relleno en el líquido.

Se me cae la baba

«Crujiente, espumoso, acidulado y con un toque picante: ¡socorro!, estoy soñando despierto/a...».

Milhojas de pimientos de colores

2 hojas de pasta brie / 1 pimiento rojo / 1 pimiento amarillo / 1 pimiento naranja / 400 g de queso de cabra fresco / 2 dientes de ajo / aceite de oliva virgen extra / vinagre balsámico / albahaca fresca / 2 pizcas de pimentón / sal y pimienta

Calienta el horno a 150 °C. Envuelve los pimientos en papel de aluminio y hornéalos durante 1 hora. A continuación, pélalos, elimina las semillas y córtalos en dados. Trocea el ajo. En un bol mezcla los pimientos y el ajo, y echa un chorrito de aceite de oliva y unas gotas de vinagre balsámico. Sala.

En otro bol, chafa el queso de cabra, junto con la albahaca troceada y un poco de aceite. Salpimienta. Corta seis cuadrados de 10 cm de lado de hojas de *brie*, úntalos con un poco de aceite y dóralos 2 minutos en el horno. Monta el milhojas alternando la pasta *brie* con capas de queso de cabra y de pimientos. En el momento de servir, condimenta con pimentón.

La opinión de una experta

Para que la consistencia crujiente sea óptima, el milhojas se sirve y se degusta inmediatamente.

Demasiado bonito...

Si deshojas esta rosa, puedes llevarte una sorpresa agradable.
Su corazón está libre...
Sólo para las grandes ocasiones.

Vodka con jarabe de rosa

8 cl de vodka / 4 cl de jarabe de fresa / 6 cl de zumo de pomelo / 6 cl de zumo de piña / hielo picado / 2 hojas de menta / rosas

Mide con precisión el alcohol y viértelo en una coctelera. Añade el jarabe de fresa, el zumo de pomelo y, por último, el zumo de piña. Agita enérgicamente. Sirve el cóctel con hielo picado y decóralo con las hojas de menta y las rosas.

Consejo

Atención: el perfume de las rosas es embriagador. Déjate llevar.

TRUE LOVE

Declaración

No hay nada tan bello como un corazón rebozado en harina.
Arrodillarse y mostrar la llama del amor que arde dentro...
¿Quién dijo que esto ya no se lleva?

Polvorones con tomate en polvo y pesto

200 g de harina / 200 g de parmesano / 2 cucharaditas de tomate en polvo / 200 g de mantequilla blanda / 1 huevo / 1 manojo de albahaca / 1 bolsita de piñones / 3 anchoas / 2 cucharaditas de parmesano rallado / aceite de oliva virgen extra / sal y pimienta

En un bol pon la harina, el parmesano y el tomate en polvo. Añade la mantequilla y trabájala con las puntas de los dedos. Agrega el huevo y forma una bola de masa. Refrigérala durante 1 hora y media en el frigorífico. Calienta el horno a 160 °C. Extiende con cuidado la pasta y corta corazones con la ayuda de un molde. Hornea los polvorones unos 10 minutos y déjalos enfriar en una rejilla. Pon las hojas de albahaca en el recipiente de la batidora, agrega los piñones, las anchoas y el parmesano, y tritúralo todo. Vierte el aceite de oliva a chorro hasta obtener una salsa untuosa. Salpimienta. Sirve los polvorones untados con este pesto.

La opinión de una experta

Otra idea es formar letras para declarar tu amor de manera gastronómica.

Bien acurrucada en un nido caliente, sólo tienes que degustarla.
Por una vez, no hagas nada:
espera que descubra sus aromas...

Ostras calientes con especias

12 ostras / 2 chalotas / 10 g de mantequilla / 1 chorrito de vino blanco seco / 1 cucharadita de nata / 1 cucharadita de masala[2] / 1 yema de huevo / cebolleta troceada

Corta las chalotas en láminas finas. Fúndelas lentamente en la mantequilla, en una cacerola. Abre las ostras, reserva el agua y separa los moluscos. Añade el agua de las ostras, junto con el vino blanco, a las chalotas. Lleva a ebullición, escalfa rápidamente las ostras y resérvalas en las conchas. A continuación, agrega la nata y el masala a la cacerola, y calienta hasta el primer hervor. Deja reducir unos minutos, echa la yema de huevo y bate. Vierte la salsa sobre las ostras y gratínalas 5 minutos en el horno a 180 °C. Antes de servir, esparce por encima la cebolleta troceada.

2. Mezcla de diferentes especias utilizada en la cocina india.

Consejo

*Según el apetito, se elige el número...
¡de ostras, naturalmente!*

Esta ensalada de lengua
te dejará un regusto salado.
¡Compártela...!

Ensalada de lengua

225 g de lengua de buey / 1 cubito de caldo de verduras / 1 diente de ajo / 300 g de patatas / 200 g de zanahorias / 2 cucharaditas de vinagre de Jerez / 1 cucharadita de mostaza fuerte / 3 cucharaditas de aceite de oliva virgen extra / 2 cucharaditas de alcaparras / 2 cucharaditas de perejil / pimienta / flor de sal

Hierve agua en una olla y añade el cubito de caldo. Pela el ajo y clávalo en la lengua de buey. Introdúcela en el caldo y deja que hierva durante 2 horas. Retírala de la olla, deja que se enfríe y, a continuación, límpiala y córtala en láminas. Hierve las patatas y las zanahorias; pélalas, y corta las primeras en rodajas y las segundas en bastoncitos; pon las verduras en un bol. Añade la lengua. Emulsiona la mostaza, el vinagre y el aceite de oliva; sazona con pimienta y agrega las alcaparras. Vierte esta vinagreta sobre la lengua y las verduras. Finalmente esparce por encima el perejil y la flor de sal.

La opinión de una experta

Para que su sabor persista en el paladar, come algunos pepinillos.

¡Cuidado!
Esta mezcla especiada y espumosa
puede convertirse en tu bebida fetiche...

Cóctel de té caliente

té negro / ron / 1 cucharadita de leche condensada / 1 pizca de canela / 1 pizca de cardamomo

Prepara el té en una tetera. Vierte la leche condensada en un vaso y refrigérala en la nevera. Calienta el ron en un cazo. Vierte el té en un vaso hasta llenar tres cuartas partes. Añade el ron hirviendo, la leche condensada, la canela y el cardamomo. Mezcla todo con una cuchara y bebe el cóctel inmediatamente después de prepararlo.

Consejo

Cuidado, no te quemes con la pajita.

Brasear

Cocinar al fuego un alimento en su propio jugo.
Ejemplo: «Brasea el muslo lentamente, para que quede tierno».

Saltear

Sofreír un alimento a fuego vivo en un elemento graso.
Ejemplo: «Salteado es como más me gusta».

Coulis

Jugo concentrado de una verdura o un fruto que se utiliza como salsa.
Ejemplo: «Te ha quedado muy denso el coulis, esta noche».

Deshuesar

Quitar el hueso a distintas piezas de carne.
Ejemplo: «Así, deshuesado, se come de un bocado».

Purgar

Salar un alimento y dejarlo reposar par que expulse el excedente de agua.
Ejemplo: «Un pepino grande se purga en 30 minutos».

Platos fuertes

Es la parte más consistente de una comida.

Ejemplo: «No sirve de nada resistirse, ¡ahora pasaremos al plato fuerte!».

you still love me
EX
Stop bitchin' behind my back
Stop being a BITCH/ BASTARD
Stay out of my life
Send me back my stuff
I wish you have bad sex for a year

Tú decides

¿Arroz blanco o negro? La receta resulta igualmente deliciosa, pero una cosa es segura: tendrás que escoger.

Arroz salvaje con especias

100 g de arroz salvaje negro / 1 cucharadita de aceite de oliva virgen extra / 3 zanahorias / 1 cebolla / 2 tetra-briks pequeños de leche de coco / 2 vainas de cardamomo / 1 cucharadita de curry / 1 diente de ajo machacado / 1 manojo de cilantro / 1 pizca de canela / sal y pimienta

Pela la cebolla y córtala en láminas finas. Pela las zanahorias y córtalas en rodajas. Calienta un poco de aceite en una sartén grande y sofríe las cebollas y las zanahorias. A continuación, agrega el *curry*, la canela y las vainas de cardamomo. Déjalo al fuego 2 minutos e incorpora la leche de coco, el ajo chafado, el cilantro troceado muy pequeño y el arroz. Cuece unos 30 minutos. Si hace falta, añade un poco de agua durante la cocción. Finalmente, salpimienta.

La opinión de una experta

Se debe vigilar la cocción del arroz. Sería una lástima que se pegara.

Voy y vuelvo

Las virtudes del ajo están
sobradamente demostradas desde hace siglos.
Para pasar una noche de las que duran, duran y duran…

Vuelta y vuelta de buey a la tailandesa

300 g de carne de buey picada / 2 cucharaditas de salsa nuoc-mam[3] / 2 cucharaditas de zumo de limón verde / 1 pimiento rojo pequeño / 1 cebolla / 1 cebollino / 1 manojo de cilantro / 1/2 diente de ajo / aceite de oliva virgen extra / pimienta

Lava el pimiento, eliminando las semillas, y córtalo muy fino. Pela la cebolla y córtala; trocea el ajo, el cebollino y el cilantro. Introdúcelo todo en un bol y añade la carne. Agrega la salsa *nuoc-mam*, el zumo de limón y una pizca de pimienta. Mezcla bien y refrigera en la nevera. Divide después la carne en dos partes y forma dos hamburguesas. A continuación, calienta aceite en una sartén y fríe la carne rápidamente, vuelta y vuelta. Este plato se degusta de inmediato.

3. Condimento a base de salsa de pescado fermentado típico de la cocina del sureste asiático.

Consejo

*Hay que voltear la carne rápidamente,
con gesto seguro y decidido.*

De caza

¿Por qué no sacas del armario
el disfraz de Bugs Bunny?
A los cazadores les gustan las noches temáticas...

Jabalí a la cuchara

1 pierna pequeña de jabalí / 3 cucharaditas de aceite de oliva virgen extra / 1 botella de vino tinto / 3 dientes de ajo / 3 cebollas / 6 cucharaditas de ajedrea / 2 cucharaditas de tomillo / 2 cucharaditas de romero / sal y pimienta

Calienta el horno a 160 °C. Dispón la pierna de jabalí en una bandeja de horno. Úntala con aceite y seguidamente recúbrela con las hierbas. Pela las cebollas y córtalas en rodajas, junto con el ajo; colócalo todo en la bandeja. Hornea unas 4 horas y rocía cada cierto tiempo con vino. Salpimienta.

La opinión de una experta

Para que quede muy tierna, la carne ha de mantenerse al fuego el máximo tiempo posible.

Un pequeño subidón

Haced una pausa los dos.
Toma la iniciativa y lánzate.
Un vasito de ginebra nunca ha hecho daño a nadie.

Ginebra con frutos rojos

1 cestita de frutos rojos / 4 cucharaditas de jarabe de azafrán / 1 clara de huevo / ginebra

Mezcla los frutos rojos con el jarabe de azafrán. Añade la clara de huevo y bátelo todo. Dispón una cucharada de esta mezcla en un vasito y vierte la ginebra.

La opinión de una experta

Seguro que no podrás prescindir de esta bebida. Adicción inmediata.

«¿Y si jugamos a la codorniz?
Es muy fácil: intenta pillarme...».

Codornices rellenas con higos y piñones

2 codornices / 2 ramitas de romero / 1 rebanada de pan de molde / 1 cucharadita de mantequilla / 1 cebolla pequeña / 1/2 diente de ajo / 6 higos frescos / 40 g de piñones / 1 cucharadita de romero / 1 cucharadita de tomillo / sal y pimienta

Pela la cebolla y el ajo, trocéalos y rehógalos lentamente en una sartén con mantequilla. Añade un poco de agua y, a continuación, el pan de molde desmigado. Corta los higos en trozos e incorpóralos a la sartén. Mezcla todo bien sin olvidarte de añadir las hierbas y los piñones. Rellena las codornices con este preparado. Úntalas con aceite y rebózalas en el romero finamente picado. Salpimienta las codornices y cuécelas en una olla unos 30 minutos.

Consejo

No conviene excederse con el relleno de la codorniz.

A la inglesa

Esta noche, cocina al estilo inglés.
Es increíble cómo las mezclas de dulce con salado abren nuevos horizontes. Prosigue con un masaje al estilo oriental…

Cordero empanado de mostaza y confitura de arándanos

1 pata de cordero para dos / 15 g de pan rallado / 2 dientes de ajo picados / 1 cucharadita de romero fresco picado / 1 cucharadita de granos de mostaza / 1 cucharadita de mostaza fuerte / 1 cucharadita de pimienta molida / aceite de oliva virgen extra / 1 tarro de confitura de arándanos / sal y pimienta

Calienta el horno a 200 °C. Haz una pasta mezclando en un bol el pan rallado, el ajo, el romero, los granos de mostaza y una pizca de sal y de pimienta. Suaviza la mezcla añadiendo un poco de aceite de oliva. Calienta aceite en una cazuela y dora la carne. Recúbrela con mostaza y esparce la mezcla de especias. Hornea 10 minutos. Sirve la carne acompañada de confitura de arándanos.

La opinión de una experta

Lo mejor es chupar los huesos con la mostaza. Por una vez, deja de lado las buenas maneras.

Las almejas tienen propiedades afrodisiacas…
¡y están la mar de sabrosas!

Tallarines de sepia con almejas y cilantro

200 g de tallarines / 400 g de almejas / 2 cucharaditas de aceite de oliva virgen extra / 2 dientes de ajo / 1 guindilla / 1 manojo de cilantro / 5 cl de vino blanco seco / sal y pimienta

Lava las almejas. Calienta el aceite de oliva en una sartén y sofríe el ajo troceado y la guindilla cortada fina. Añade el vino blanco y seguidamente las almejas. Tapa la sartén. Déjala a fuego vivo, removiendo las almejas de vez en cuando para que se abran. En una olla hierve los tallarines, escúrrelos y disponlos en un plato grande. Agrega las almejas. Salpimienta. Remueve y sirve inmediatamente, con cilantro espolvoreado.

Consejo

Para que las almejas se abran bien, no te olvides de cubrirlas.

¡Tan diferente...!

«Estos pequeños tentáculos en la boca resultan sorprendentes, ¿no crees? Hacía mucho tiempo que no sentía un cosquilleo así...».

Risotto de pulpitos al azafrán

200 g de pulpitos / 1 cucharadita de aceite de oliva virgen extra / 2 cebollas / 1 diente de ajo / 1 cucharadita de albahaca + otro poco para servir / 20 g de mantequilla / 120 g de arroz arborio / 1 hebra de azafrán / 3 cucharaditas de parmesano rallado / 150 g de tomates pelados / sal y pimienta

Pela las cebollas y córtalas en rodajas finas; dora la mitad en una sartén con un poco de aceite. Añade los pulpitos troceados. Calienta 40 cl de agua y deja en infusión la hebra de azafrán. Continúa dorando los pulpitos, añadiendo la mantequilla, el ajo y la albahaca. Salpimienta. En otra sartén, sofríe el resto de la cebolla en un chorrito de aceite, añade el arroz y remueve. Vierte poco a poco el caldo de azafrán sin dejar de remover. A continuación, agrega los tomates. Una vez cocido el arroz, incorpora los pulpitos y el parmesano. Para acabar perfuma con albahaca.

La opinión de una experta

El azafrán es una especia rara y preciosa: aprovecha la ocasión para disfrutarlo a tope.

Dúo perfecto

Este digestivo resulta idóneo entre plato y plato.
Su frescor te hará recuperar increíblemente el apetito
en una cena que va a durar…

Licor de ciruela en sorbete

2 bolas de sorbete de ciruelas amarillas /
1 vaso de aguardiente de ciruelas

Forma dos bolas grandes de sorbete de ciruela y disponlas en el fondo de dos vasos. Vierte el aguardiente con generosidad. Este preparado se toma con cucharilla.

Consejo

Este digestivo puede elaborarse con otros tipos de aguardientes.
En la variedad está el gusto...

¡Se desata la locura!

Esta noche, descubre tu lado salvaje.
Sal de tu caparazón y apuesta todo a una carta.

Vieiras salteadas con espinacas tiernas

200 g de espinacas tiernas / 8 vieiras / 1 pizca de ras al hanut[4] / 2 cucharaditas de nata líquida / 2 cucharaditas de aceite de oliva virgen extra / 1 cucharadita de perejil /sal y pimienta

Rehoga los brotes de espinacas en un poco de aceite de oliva. Salpimiéntalos y resérvalos. Dora rápidamente las vieiras y, seguidamente, agrega el *ras al hanut* y la nata. Mezcla bien y coloca cuidadosamente las vieiras sobre los brotes de espinacas. Pica el perejil y espárcelo por encima.

4. Mezcla de especias típica de la cocina marroquí.

La opinión de una experta

Esta receta también se puede preparar con caracoles de mar.

Príncipe encantado

Un festival de muslitos, pero
¿cuáles son los del príncipe encantado?
¡Todos se parecen tanto!

Ancas de rana a la salsa de cava

15 pares de ancas de rana / 1 cucharadita de mantequilla fresca / 1 chorrito de aceite de oliva virgen extra / 2 chalotas grises / 1 diente de ajo / 4 cucharaditas de perejil / 1 cucharadita de harina / 1 vaso de cava / 1 huevo / 4 cucharaditas de nata densa / sal y pimienta

Pela las chalotas y el ajo, y trocéalos muy finos. Pica el perejil. En una sartén grande calienta la mantequilla y el aceite. Incorpora las ancas de rana y fríelas hasta que estén bien doradas. Esparce harina por encima e incorpora la chalota, el ajo, el perejil y el cava. Remueve y deja al fuego unos 10 minutos. En un bol pequeño, mezcla la nata y la yema de huevo, y vierte esta mezcla sobre las ancas de rana. Deja cocer unos minutos más. Salpimienta y sirve bien caliente.

Consejo

*Tómate tu tiempo:
cada muslito es un regalo que hay que relamer.*

PYLONES

Sabor persistente

«¿Y si fuéramos un fin de semana a París?
De pronto me han entrado ganas de ver la torre Eiffel...».

Colas de langostino al jengibre

*250 g de colas de langostino / 2,5 cm de jengibre fresco /
2 cucharaditas de aceite de oliva virgen extra / 1 cebolla /
1 diente de ajo / 1 cucharadita de jarabe de pimienta /
2 cucharaditas de cilantro fresco / 200 g de tomates pelados /
2 hinojos pequeños / sal y pimienta negra*

Calienta el aceite en una cazuela y fríe unos minutos las colas de langostino; retíralas y resérvalas. Pela el ajo y la cebolla, y trocéalos muy finos; pela y corta el jengibre; échalo todo en la cazuela para que se rehogue. A continuación, agrega el jarabe de pimienta y remueve. Al cabo de 3 minutos, incorpora los tomates y aplástalos un poco con la ayuda de una cuchara de madera. Reduce aproximadamente 10 minutos. Salpimienta. Corta los hinojos en cuartos y cuécelos al vapor. Pon los langostinos y el hinojo en la cazuela, y caliéntalos poco a poco. Finalmente, condimenta con el cilantro y pimienta negra recién molida.

Consejo

*Esta salsa puede dar sabor a todo tipo de marisco.
¡Deja volar la imaginación!*

Cóctel salvaje

Como música de fondo,
rescata tu inigualable compilación *new age*.
Sorpresa asegurada.

Cóctel de coco

4 cl de amarula[5] / 1 coco / 14 cl de leche /
1 pizca de nuez moscada

Perfora con cuidado el coco, con ayuda de un destornillador y un martillo. Recoge el agua en un vaso. Mide 2 cl y añade la amarula y la leche; remueve. Agrega la pizca de nuez moscada. Vierte la mezcla dentro del coco con una jeringa grande. Este cóctel se bebe muy fresco con una pajita.

5. Licor cremoso parecido al Bailey's, que se obtiene a partir del fruto de la marula, un árbol que crece en el sur y el oeste de África. El fruto maduro se hace fermentar muy rápido hasta alcanzar los 17°.

Consejo

Preferible compartir este cóctel con un auténtico Robinson experto en cocos.

Masa

Vocablo utilizado en pastelería para designar un tipo de preparación.
Ejemplo: «¡Hay que ver qué masa más bien formada!».

Amasar

Trabajar con cuidado una masa, mezclando sus ingredientes con las manos.
Ejemplo: «Tienes permiso para amasar, ¿a qué esperas?».

Encamisar

Recubrir el fondo de un molde con papel de horno para facilitar el desmolde.
Ejemplo: «¡Un encamisado perfecto, pero lo importante está dentro...!».

Mantecar

Remover una mezcla en la sorbetera para que quede cremosa y consistente.
Ejemplo: «Esta vez ha quedado bien mantecada, ¡qué consistencia...!».

Postres

Para terminar las comidas con una nota dulce.

Ejemplo: «Te he reservado lo mejor para el final: un postre hecho con mis manos».

Explosión

El burbujeo que nos proporcionará en la boca es casi indecente. Comparte el placer…

Fresa chispeante con jarabe de albahaca

1 cestita de fresas / 4 cucharaditas de Peta Zetas® / 1 taza de agua / 1/2 vaso de azúcar / 10 hojas de albahaca

Vierte el agua en una cacerola y añade el medio vaso de azúcar; fúndelo removiendo a fuego lento; sube la llama para que hierva y agrega las hojas de albahaca. Déjalas en infusión una media hora. Pasado ese tiempo, filtra el líquido y refrigéralo en la nevera. A continuación, lava las fresas y córtales el rabillo. Disponlas en un plato para servir y rocíalas con un chorrito de jarabe de albahaca. Antes de degustarlas rebózalas en un plato con Peta Zetas®.

Consejo

Con la boca abierta aún se siente mejor la explosión.

Espérame

Un plátano muy suave con chocolate fundido.
Para morirse de éxtasis...

Papillote de plátano con chocolate negro

2 plátanos / 100 g de chocolate negro / 2 cucharaditas de nata / 2 cucharaditas de miel / 50 g de avellanas / 1 pizca de canela

Calienta el horno a 180 °C. Lava los plátanos, sin pelar, y ponlos en la bandeja del horno. Hornéalos durante 15 minutos. Funde el chocolate al baño María; seguidamente añade la nata y bate enérgicamente. Pon las avellanas en el vaso de la batidora y tritúralas sin que queden muy finas. Abre los plátanos por la mitad, longitudinalmente; vierte sobre cada uno un hilillo de miel, luego el chocolate, esparce las avellanas por encima y espolvorea la canela.

La opinión de una experta

Cuanto más maduro esté el plátano, mejor sabor tendrá.

ID®
COOL
MINT™
Flavored Water Based Lubricating Gel
NET WT 10 G/.34 OZ

Estremecimiento

Una pequeña dosis desinhibidora al gusto:
¡como para descongelar a más de uno!

Sorbete de menta

300 g de azúcar / 6 ramitas de menta piperita / 2 cucharaditas de jarabe de menta verde / 1 clara de huevo / 1 vaso de pipermín

Calienta en una cacerola 50 cl de agua con el azúcar, removiendo para que se funda; lleva a ebullición y reduce a jarabe. En otra cazuela hierve 50 cl de agua y deja en infusión las ramitas de menta durante 5 minutos; transcurrido ese tiempo, retira la menta. Mezcla ambas preparaciones y deja enfriar del todo. Añade el jarabe de menta. Vierte la mezcla en la sorbetera y manteca durante 20 minutos, incorporando la clara de huevo a los 10 minutos. Moldea bolas generosas, disponlas en copas y rocíalas con el pipermín.

Consejo

La menta tiene un efecto tonificante. ¡Resulta idónea para un sprint final espectacular!

Love is all

¿Hay algo más turbador que morder
una roja manzana los dos a la vez?
Esta está envenenada de amor... ¡Aprovéchala!

Manzanas de amor con pimienta

2 manzanas / 8 cucharaditas de azúcar / 2 cucharaditas de jarabe de pimienta / 1 pizca de pimienta de Jamaica / colorante alimentario rojo / 2 brochetas de madera largas

Echa el azúcar en una cacerola con un poco de agua. Fúndelo y después haz hervir el agua para obtener caramelo. Aparta la cazuela del fuego, incorpora el jarabe de pimienta y la pimienta de Jamaica, y vuelve a poner todo en el fuego. Calienta hasta que la mezcla espese y agrega unas gotas de colorante. Clava las brochetas de madera en las manzanas, úntalas varias veces en este caramelo y deja secar a temperatura ambiente sobre papel parafinado.

La opinión de una experta

No bajes la guardia, porque este pequeño placer para el paladar te podría costar caro...

Suave y gustoso

Es tiempo de sacar la alfombra de piel, encender la chimenea y crear un ambiente cálido.

Brocheta tibia de fruta y nubes

4 frambuesas / 2 fresones / 6 nubes de golosina / 1 cucharadita de azúcar / 1 limón verde / 2 ramitas de romero

Lava el romero: pela un extremo de los tallos y conserva las hojas del otro extremo; saca punta al extremo que queda sin hojas. Lava las frutas, báñalas en el zumo del limón y rebózalas con azúcar. Clávalas cuidadosamente en los tallos de romero pelados, alternando con las nubes. A continuación, dispón las brochetas en papel parafinado y gratínalas en el horno unos minutos.

Consejo

Esta receta ofrece un plus: al final puedes chupar la rama de romero. ¡Una delicia...!

Por las dos puntas

Mitad ángel, mitad demonio:
sólo falta saber por qué lado te lo comerás.
Acompáñalo de un café cargadito, y la velada puede complicarse...

Trufa de jengibre y *coulis* negro extra

200 g de jengibre confitado / 60 g de chocolate negro extra / 1 cucharadita de azúcar

Con ayuda de la batidora reduce a puré los trozos de jengibre. Funde el chocolate al baño María. Coge una cucharada de jengibre y modélala con la mano dándole forma de bola. Rebózala en el azúcar y, seguidamente, báñala en el chocolate. Se puede degustar inmediatamente o esperar a que se enfríe y se endurezca un poco.

La opinión de una experta

Por fin te rendirás al placer...
Es imposible resistirse a esta ambrosía.

Quítate la máscara

La sensualidad de la miel que gotea sobre la redondez de esta pera te va a dejar con los ojos abiertos hasta el alba.

Pera escalfada con miel de lavanda

2 peras / 2 cucharaditas de miel de lavanda / 4 cucharaditas de azúcar / 1 pizca de vainilla en polvo / 1 pizca de mezcla de jengibre, anís, canela y cardamomo / escamas de azúcar rosa

Monda las peras, dejándoles el rabillo. En un cazo hierve 30 cl de agua y agrega el azúcar. Añade después la miel de lavanda, la vainilla y las especias. Escalfa las peras en este jarabe durante 20 minutos aproximadamente, dándoles la vuelta de vez en cuando. Sácalas del jarabe para que se enfríen. En el momento de servir, úntalas con más jarabe y esparce por encima escamas de azúcar rosa.

Consejo

¿Y los albaricoques también se pueden escalfar? No hay más que probarlo...

Flotando en una nube

«¿Es nata de espray, cariño?
No, está hecha a mano.
No sabes el arte que tengo para montarla...»

Borracho con jarabe y nube rosa

20 g de azúcar vainillado / 1 huevo / 1 cucharadita de leche / 40 g de harina con levadura incorporada / 1 pizca de sal / 1 cucharadita pequeña de mantequilla / 3 cucharaditas de azúcar / 1 vaina de vainilla / 3 cucharaditas de ron / 3 cucharaditas de crema de malvavisco para untar con sabor a fresa / 20 cl de nata líquida

Calienta el horno a 180 °C. Bate manualmente el azúcar vainillado y la yema de huevo hasta que la mezcla adquiera un tono blanco. Incorpora poco a poco la leche y después la harina. Monta la clara a punto de nieve con una pizca de sal y seguidamente agrégala a la pasta. Vierte el preparado en un molde pequeño untado con mantequilla y hornea 20 minutos.

Mientras tanto, echa el azúcar en un cazo, añade la vaina de vainilla abierta, el ron y 20 cl de agua, y lleva a ebullición. Deja espesar el jarabe y viértelo sobre el pastel. Diluye la crema de malvavisco en un poco de agua. Extiéndela sobre un plato, coloca el borracho encima y adorna con la nata montada.

Consejo

Con la nata montada que no hayas utilizado, puedes recrear la tentadora escena de Nueve semanas y media.

¡Vais a calentaros como nunca!
El amor mata.

Vino a la canela

40 cl de vino tinto / 1 palo de canela / 1 anís estrellado / 3 vainas de cardamomo / 1 cucharadita de azúcar

Vierte el vino en un cazo y añade el palo de canela, el anís estrellado, las vainas de cardamomo y el azúcar. Caliéntalo poco a poco hasta que comience a hervir. Pruébalo y añade azúcar si es necesario. Se toma caliente.

La opinión de una experta

Cleopatra se perfumaba la boca con canela antes de sus citas amorosas. ¡Prueba a hacer esta noche lo mismo!

El uno por el otro

«Cariño, te había prometido fuegos artificiales.
Prepárate para la traca final, va a ser grandiosa...».

Tofu con chocolate negro y blanco especiado

400 g de tofu / 50 g de chocolate blanco / 1 pizca de pimienta rosa / 50 g de chocolate negro / 2 cucharadas de jarabe de naranja / 1 pizca de pimienta negra

Funde el chocolate blanco al baño María y deja entibiar. Bate el tofu hasta que quede líquido y divídelo en dos mitades. En una de ellas incorpora el chocolate blanco y la pimienta rosa. Reserva. A continuación, funde el chocolate negro y añádele el jarabe de naranja; agrega después la otra mitad del tofu con la pimienta negra. Mezcla de nuevo y vierte el preparado en dos vasos. Echa encima el chocolate blanco. Deja refrigerar unas horas en la nevera.

Consejo

Blanco o negro, qué más da el color mientras haya chocolate...

Sorprendente

Perfúmate la boca de un solo trago.
Y comparte besos embriagadores.

Vodka con fresa y pimienta

2 cl de jarabe de fresa / 10 fresas de gominola / 1 naranja / 8 cl de vodka / 24 cl de zumo de piña / 1 pizca de pimienta negra

Necesitarás dos vasos bastante altos. Vierte el jarabe de fresa a partes iguales en cada vaso. Añade las gominolas. Corta dos rodajas de naranja no muy gruesas y colócalas dentro de los vasos, de manera que separen el jarabe y las fresas del resto. En una coctelera, mezcla el zumo de piña y el vodka; viértelos con cuidado en los vasos, que puedes condimentar con un poco de pimienta negra. El cóctel se sorbe primero con una pajita y, a continuación, se quita la naranja, se remueve y se bebe. Para finalizar, se comen las gominolas.

La opinión de una experta

Prueba otras mezclas de sabores.
¡La imaginación al poder!

¿Este asunto no tiene algo de diabólico?
¿Pensabas que habíais acabado?
Ahora volvéis al ataque aullando de placer...

Fondant de chocolate y pimentón

2 huevos / 10 g de azúcar refinado / 90 g de harina / 100 g de mantequilla / 110 g de chocolate negro / 1 cucharadita pequeña de pimentón

Calienta el horno a 180 °C. Echa los huevos en un bol y agrega el azúcar. Bate a mano hasta que la mezcla esté blanca. Luego incorpora la harina y remueve bien. Funde el chocolate con la mantequilla e incorpóralo a la mezcla anterior. Añade el pimentón y bátelo todo. Llena los moldes con el preparado y hornéalos durante 8 minutos.

Consejo

Para que el corazón se derrita bien, caliéntalo antes de servir.

¡Soltando amarras!

Has caído definitivamente en la trampa del dulce y las especias.
Ya estás perdido/a, atado/a de pies y manos.
Tu adicción a la cocina erótica ya no tiene cura...

Leche caliente al cardamomo

50 cl de leche / 20 cl de nata líquida / 2 vainas de cardamomo

Vierte la leche y la nata líquida en un cazo, y llévalas a ebullición. Abre las vainas de cardamomo y agrega los granos a la leche. Remueve todo y déjalo en infusión unos minutos. Sirve la leche muy caliente.

La opinión de una experta

Directamente a la cama...

Sexy conclusión

¿Notas un extraño calor, dulce y tórrido, que invade tu cuerpo y te estremece? Acabas de vivir un flechazo culinario: la cocina erótica te posee...

Nuestra misión ha llegado a su fin, pero acompáñanos a la trastienda para que te contemos la historia del *sexy team*. Dos amigas, cuatro manos, dos cerebros, cuatro piernas y dos corazones: un buen combinado para un libro de recetas traviesas.

Stéphanie, la chef, ha elaborado amorosamente estas recetas picantes y las ha puesto a prueba con comensales que no estaban sobre aviso —de lo contrario, perdía la gracia— y que se han quedado con la boca abierta pidiendo más...

Isabelle, experta con la pluma, ha rebozado las recetas con toques de humor y ha añadido imágenes para que hagan volar la imaginación y reír de placer...

¿Cómo tuvimos esta *sexy* idea?

Una mañana me despierto, después de una noche loca, con los ojos llenos de corazoncitos —y las caderas de agujetas—, y me digo que la cena tuvo algo que ver en todo lo que pasó. Llamo *ipso facto* a mi amiga, que justo sale de la ducha después de un loco despertar, y decidimos que ya es hora de compartir los secretos de la cocina erótica, para que todo el mundo lo pase fenomenal. Para llegar hasta ahí, ¡he aquí todos los placeres que hemos tenido que «soportar»!

Para empezar, hemos indagado a fondo sobre las últimas tendencias en materia de *sexy* juguetes, una manera diferente de abordar el diseño. Luego hemos encadenado *casting* de verduras para encontrar LA zanahoria de dos cabezas (cf. *Rabbit*, para las que dominan el tema) o LA patata en forma de corazón muy mono, todo esto con la ayuda de tenderos, amigos y familia, extrañamente involucrados en el proyecto...

Hemos buscado la manera de que todas las recetas sean irresistibles: el plátano goteante de chocolate no ha mostrado su lado *sexy* tan deprisa como podría parecer y hemos necesitado horas de entrenamiento para ponerlo a punto. Algunas veces, en el fragor de la batalla, hemos confundido utensilios de cocina con juguetes sexuales, pero han funcionado en todos los casos.

Todo esto para contaros una bella y auténtica historia de amor hablando de cocina, sin ser excesivamente cursis...

A las dos nos gusta tanto la vida que le hemos dado un buen mordisco para convertirla en un libro que deja un *sexy* sabor en la boca... Ahora ya sabes cómo hablarle de amor de otra manera...

Índice de recetas

Aperitivos

Bebidas para aperitivos

Entrantes

Bebidas para entrantes

Platos fuertes

Bebidas para platos fuertes

Ingredientes afrodisiacos

Especias

Calientan, dan vigor, estimulan, sorprenden, asombran, pican, excitan, producen cosquilleo, despiertan y sobre todo nos transportan a un mundo de placer.

Fuertes y picantes: anís estrellado • clavo • comino • mostaza • nuez moscada • pimienta de Jamaica • pimienta negra • pimiento.

Dulces y cálidas: pimienta rosa • regaliz • vainilla.

Mezclas ultravigorizantes: *curry* • masala • cinco especias • *ras el hanut*.

Tonificantes y estimulantes: azafrán • jengibre • pimienta de Cayena.

Tonificante y tranquilizante: cardamomo.

Excitante: canela.

Pescados, crustáceos y marisco

Dejémonos seducir por estos tesoros marinos, todos ellos ricos en hierro, yodo y zinc.

Tonificantes y estimulantes: anchoas • vieiras • gambas • camarones • ancas de rana • cangrejos • tinta de la sepia • ostras • langostinos • erizos • almejas • pulpo.

Carnes

Una carne en la que se hinca el diente salvajemente, que se mastica con liberación, propicia un reencuentro con el instinto masculino, un vigor que no desagrada…

Animales: cordero • buey • codorniz • pato • fuagrás • lengua de buey • pollo • jabalí.

Fruta

Su belleza, sus colores, sus formas y su brillo no nos dejan indiferentes. Todo lo contrario…

Evocadoras: plátano • higo • fruta de la pasión • coco • pomelo • manzana • pera • ciruela.

Perfumes

Olores sensuales, femeninos y dulces. Usa perfume, con notas florales, y atrápalo/a en el jardín.

Seductores: flor de naranjo • jazmín • orquídea • rosa • ylang-ylang.

Verduras

Sensuales por sus formas y sus texturas... Míralas con otros ojos y descubre nuevos sabores. Debes saber que el hinojo es muy apreciado por él... y después por ella.

Sugestivas: espárrago • alcachofa • zanahoria • pepino • calabacín • mandioca • cebolla • chirimoya • boniato • rábano • tupinambo.

Hierbas aromáticas

Muy estimulantes y de efectos casi inmediatos, son indispensables en la cocina. Puedes usarlas y abusar de ellas.

Revigorizantes: albahaca • cebollino • cebolleta • cilantro • estragón • menta • perejil • ajedrea.

Alcohol

El efecto estimulante es muy rápido, pero tómalo con moderación. Sería una lástima arruinar un momento tan bueno...

Embriagadores: aguardiente • cava • licores de fruta • pipermín • ginebra • ron blanco • ron negro • tequila • vodka.

Chocolate

Imposible olvidarlo, su efecto euforizante es una delicia.

Imprescindible: chocolate negro.

Sexy tienda

*E*l uso de los utensilios

*A*peritivos

*E*ntrantes

Platos fuertes

Postres

Sexy notas

Sexy notas

Idea original de Isabelle Schaff y Stéphanie de Turckheim.

Traducción de Gustau Raluy Bruguera.

Diseño gráfico, estilismo, fotografías y texto: Isabelle Schaff.

Concepción, estilismo y realización de las recetas: Stéphanie de Turckheim.

Seguimiento editorial: Mathilde Orhan.

Diseño de maqueta: Anne-Claire Méry.

Retoques: Fred Perrot.

Diseño de cubierta: YES.

Fotografía de cubierta de © Brigida Brito/Getty Images.

Balmes, 114 - 08008 Barcelona
Depósito Legal: M. 42.749-2010
ISBN: 978-84-315-5030-1

Editorial De Vecchi, S. A. de C. V.
Nogal, 16 Col. Sta. María Ribera
06400 Delegación Cuauhtémoc
México

Sexy agradecimientos

¿A quién damos las gracias?

Gracias a De Vecchi:
gracias a todas las chicas del departamento,
a Mélanie y a Christine, por su disponibilidad y su buen humor,
y a Mathilde y a Sophie,
que entendieron en seguida la poesía oculta en el libro
y nos apoyaron a lo largo de toda esta *sexy* aventura (que no es poca cosa).
Gracias a Anne-Claire, por su claridad de ideas
y su paciencia, incluso cuando se le habla en borborigmos.

Gracias a Fred, quien, debido a la cocina erótica, ha sabido qué hacer el fin de semana y porque, gracias a él, es BONITO…

Un inmenso agradecimiento a Fleur, de «Passage du désir»,
23, calle Ste-Croix-de-la-Bretonnerie 75004, en París, www.passagedudesir.fr,
que nos ha abierto las puertas de un mundo *so sexy*
y nos ha descubierto tesoros inimaginables.
Es la primera marca dedicada al desarrollo duradero de la pareja,
y merece la pena hacer una visita…

Gracias a todos los productores del mercado de St-Ouen y a la tienda de comestibles africanos, por su entusiasmo en encontrar la famosa zanahoria y la patata en forma de corazón.
Gracias a JM y a Ghislain, quienes con sus ojos biónicos han corregido los 10 000 000 gazapos y han encontrado las *sexy* palabras que faltaban…
Gracias a la Mama que ha surfeado para encontrar la verdura misteriosa…
Gracias al vendedor de pilas…

En definitiva, gracias a todos aquellos que, sin saberlo,
han probado estas recetas eróticas…

Impreso en España por
DÉDALO OFFSET
Ctra. de Pinto a Fuenlabrada, km. 20800
28320 Pinto (Madrid)